Finde deinen Stern
Weisheitsgeschichten

Inhalt

Vorwort

Unter einem guten Stern leben – das sagt man, wenn man vom Glück spricht. „Ein guter Stern" – das ist wie die helle Freundlichkeit inmitten der Nacht, wie ein Seelenanker am Himmel, ein poetisches Bild von Weite, von besseren Möglichkeiten.

Alte Mythen erzählen davon, dass die Menschen sich den Kosmos wie ein Zelt vorstellten. Die Sterne waren nach dieser Vorstellung die Löcher in diesem Zelt, durch die der strahlende Glanz des Himmels für uns auf der Erde schon jetzt zum Vorschein kommt. Eine Vorstellung, über die wir lächeln mögen, die uns aber eine Verbindung zwischen Himmel und Erde erschließt.

Lächelnde Wahrheiten: Sie finden sich oft gerade in Geschichten.

Die kürzeste Entfernung zwischen Menschen ist ein Lächeln, heißt es. Ein Lächeln akzeptiert den anderen und baut eine Brücke zu ihm.

Und der kürzeste Weg zwischen der Wahrheit und einem Menschen ist eine Geschichte. Geschichten akzeptieren auch das Überraschende, die Buntheit und Vielfalt des Lebens. Sie zurren keine Theorie fest, sondern eröffnen Räume für eigene Überlegungen, bauen Brücken für neue Erfahrungen.

„Eine verlorene Münze findet man mit Hilfe einer billigen Kerze, die tiefste Wahrheit mit Hilfe einer einfachen Geschichte", sagt Anthony de Mello.

„Finde deinen Stern!" Das heißt: Gib die Suche nicht auf! Bleib auf dem Weg! Alte Geschichten erzählen oft vom verheißenen Schatz und den Umwegen, bis man ihn findet. Oder von den Schwierigkeiten, die man erleiden muss, um ans Ziel oder nach Hause zu kommen. Oder von den Überraschungen, die man erleben kann bei der Suche nach Einsicht und

Wahrheit. Weisheitsgeschichten führen möglicherweise zu deiner Wahrheit, auch wenn sie von etwas ganz anderem zu erzählen scheinen.

Man sagt auch: Die Wahrheit steht in den Sternen. Manchmal ist sie nicht greifbar und scheint unendlich weit entfernt. Geschichten können dann wie Himmelsleitern sein. Sie überraschen mit einem anderen Blick. Sie laden ein, die Perspektive zu wechseln. Sie erzählen, wie eine verfahrene Situation plötzlich in einem anderen Licht erscheint. Wie im Märchen von den Sterntalern. Da verschenkt ein Mädchen sein letztes Hemd – und wird belohnt, mit Sternen, die als Taler vom Himmel fallen. „Da sammelte es sich die Taler und war reich für sein Lebtag."

Um die Dinge des Lebens geht es auch in den hier versammelten Geschichten: Um Freude, Unruhe und Angst. Um Sehnsucht und Stille. Um Hoffnung und um Lebenssinn. Um mich und die anderen. Um die Frage, was wirklich reich und glücklich macht.

Einsicht kann wie ein Stern sein, der uns zufällt. Wir sehen dann plötzlich: Der Weg zum Glück führt oft in eine ganz andere Richtung, als man gedacht hat. Die Lösung gerade vertrackter Probleme ist oft verblüffend einfach.

Sterne spiegeln sich manchmal vor unseren Augen, in einer Pfütze. Manchmal finden wir sie sogar im Sand, am Ufer des Meeres.

Die Welt ist voller Sterne. Das Leben ist voller Geschichten.

1

Was das Leben ist

Unsicher

Zwillinge im Mutterleib unterhalten sich:

„Glaubst du an ein Leben nach der Geburt?"

„Ja", sagte der eine.

„Wie soll denn das aussehen, ein Leben nach der Geburt?"

„Das weiß ich auch nicht genau. Aber es wird heller als hier sein. Und vielleicht werden wir herumlaufen und mit dem Mund essen?"

„Herumlaufen, das geht doch gar nicht. Und mit dem Mund essen? Wieso denn? Es gibt doch die Nabelschnur, die uns ernährt. Außerdem ist die Nabelschnur viel zu kurz."

„Ich glaube, es wird eben alles etwas anders sein."

„Mit der Geburt ist das Leben zu Ende. Ich bleibe bei dem, was ich hier und jetzt erfahre: Das Leben ist eine Quälerei und dunkel …"

„Nein, wir werden dann unsere Mutter sehen und sie wird für uns sorgen."

„Du glaubst an eine Mutter? Wo ist sie denn?"

„Hier, überall um uns herum. Wir sind und leben in ihr und durch sie. Ohne sie können wir gar nicht sein!"

„Unsinn! Ich habe noch nichts von einer Mutter gesehen. nie etwas bemerkt, also gibt es sie auch nicht. Und überhaupt: Es ist noch keiner zurückgekommen", beharrte der andere.

Unbekannt

Zwei Fische schwimmen im Meer. Ein älterer Fisch kommt ihnen entgegen. Er fragt jovial: „Guten Morgen, wie ist denn das Wasser heute?" Die beiden jüngeren Fische sehen sich verwirrt an: „Was ist das: das Wasser?"

Lebensanfang

Wann fängt das Leben eigentlich an? Darüber streiten sich drei Geistliche, ein Katholik, ein Protestant und ein Rabbi. Sagt der Katholik: „Ganz klar, mit dem Augenblick der Zeugung. Alles andere entwickelt sich daraus." Entgegnet der Protestant: „Nein, mit dem Augenblick der Taufe, in dem wir in das wirkliche Leben hineingeboren werden." Der Rabbi kratzt sich am Kopf: „Ich dachte immer, das Leben fängt an, wenn die Kinder aus dem Haus sind und der Hund tot ist."

Dazwischen

Ein junger Student, der den Eindruck vermittelte, er habe es in Hinblick auf die Erleuchtung schon sehr weit gebracht, erzählte nicht ohne Stolz, dass sein Lehrer ihm tiefe Erkenntnisse über die letzten Dinge, über Geburt und Tod vermittelt habe. Der Meister lächelte und sagte: „Dann wäre es nicht schlecht, wenn du dich künftig auch verstärkt um das kümmern würdest, was dazwischen liegt."

Ernstfall

Übung macht den Meister. Übung ist Leben. Leben ist Übung. Aber irgendwann ist auch die Zeit des Übens vorbei. Der Meister veranschaulichte dies mit einer kleinen Geschichte: Zwei Fallschirmspringer versuchen ihren Fallschirm zu öffnen. Wild zerrt der eine an der Schnur und schreit: „Verdammt noch mal! Mein Fallschirm geht nicht auf!" „Meiner auch nicht", ruft der andere, „aber denk dir nichts dabei – ist ja nur ein Übungsspringen."

Fuchs und Hase

„Leben, das ist immer der Ernstfall", sagte der Meister, als auf dem Feld beobachtete, wie ein Fuchs einen Hasen verfolgte, der seine Haken immer schneller schlug. „Wird der Hase mit dem Leben davonkommen? Oder wird der Fuchs ihn einholen?", fragte der Schüler den Meister. „Der Hase wird gewinnen", sagte der Meister. Und in der Tat, plötzlich war er außer Sicht, und der Fuchs verlangsamte sein Tempo. „Wie konntest du das wissen", fragte der Schüler. „Es war klar. Der Fuchs rannte um einen Mittagsbraten. Der Hase rannt um sein Leben."

Zettels Rat

Ein alter Rabbi gab seinen Schülern einen einfachen Rat mit auf den Weg: Sie sollten immer zwei Zettel bei sich tragen und je nach Bedarf lesen.

Auf dem einen sollte stehen: „Ich bin Staub und Asche".

Und auf dem andern: „Um meinetwillen ist die Welt erschaffen worden."

Der Rabbi sagte: „Diese zwei Sätze genügen für ein ganzes Leben."

Vorfreude

„Ich bin so froh, wenn endlich Mittagspause ist", sagte der Angestellte zu seinem Kollegen, „dann ist der Feierabend nicht mehr weit. Und überhaupt ist zum Glück bald Urlaub." „Das Leben ist so eine Sache", erwiderte der Kollege, den man insgeheim für einen Philosophen hielt: „Morgens freust du dich auf die Mittagspause. Wenn die vorbei ist, freust du dich auf den Feierabend. Am Feierabend freust du dich auf den Jahresurlaub. Und im Jahresurlaub freust du dich auf die Rente. Und wenn du in Rente bist, weißt du, es hat sich alles nicht gelohnt. Und auf einmal bist du tot. Aber du hast dich oft gefreut."

Absurd

„Wir gehen auf den Abgrund zu. Unsere Kinder haben keine Zukunft mehr." So klagte der Schüler dem Meister. „Wie sollen wir da dem Leben einen Sinn abgewinnen?"

„Ich verstehe deine Angst", sagte der Meister. „Aber irgendwie erinnert mich das, was du sagst, an eine Eintagsfliege. Als die Eintagsfliege nämlich das Wort ‚Woche' hörte, war ihre Reaktion darauf ganz klar und eindeutig: ‚Absurd!'"

Wohin das Leben führt

Wie relativ alles im Leben ist, zeigt die Geschichte eines Mannes, der ins Exil fliehen
musste. Mit schwerem Gepäck beladen begegnet er einem anderen auf dem Bahnhof.

„Wohin geht die Reise?" fragt der eine.

„Nach Argentinien!", lautet die Antwort.

Mit Erstaunen kommentiert der andere:
„Das ist weit!"

„Weit von wo?", fragt der andere zurück.

Leben nach dem Tod?

„Wie kann man nur behaupten, es gebe kein Leben nach dem Tod?", wurde der Meister gefragt. „Gibt es solche Leute?", fragte der zurück. „Ja, es ist unfasslich. Es muss doch schrecklich sein zu sterben, ohne jemals wieder zu sehen, zu hören, zu lieben…" „Findest du das furchtbar?", fragte der Meister zurück. „Ist es nicht bei den meisten Menschen der Fall, noch bevor sie gestorben sind?"

2

Wie man leben kann

Eine Frage der Entscheidung

Eine muslimische Geschichte erzählt von Abraham. Der soll von einer aufgebrachten Menge ins Feuer geworfen und verbrannt werden, weil er Götzenbilder zertrümmert und zerstört hat.

Das Feuer wird schon geschürt, es wird gleich lichterloh brennen.

Da kommt eine Ameise, die in ihrem Mund einen Tropfen Wasser ins Feuer trägt, um es zu löschen.

„Damit wirst Du im Leben das Feuer nicht löschen! Es ist völlig sinnlos, was du tust", sagen ihr die Umstehenden.

„Das kann sein", sagt die Ameise. „Aber jeder soll wissen, auf welcher Seite ich stehe."

Anfängergeist

Ein junger Novize suchte einen wegen seiner Gelassenheit weithin berühmten alten Mönch in der Wüste auf, um ihn zu fragen, wie das gehe: inneren Frieden zu erlangen. Der Greis antwortete ihm: „Ich bin jetzt seit siebzig Jahren Mönch, aber nicht an einem einzigen Tag habe ich den Frieden für immer gefunden. Ich suche ihn jeden Tag neu. Das ganze Leben ist eine Folge von immer wieder neuen Anfängen und Anfängen und Anfängen. Und Friede ist kein Besitz, nichts, was man hat. Man muss ihn jeden Tag neu anstreben – und nicht davonlaufen. Das gilt übrigens für alle Menschen. Selbst in einem Zeitraum von achtzig oder neunzig Lebensjahren eines Lebens wird einer nur einen winzigen Prozentsatz seiner Selbstverwirklichung in Angriff nehmen können. Leben ist erst mit dem Tod zu Ende."

Fang an!

„Ich tue mich so schwer mit meiner Arbeit, ich weiß nicht, wo anfangen. Die Sache ist so komplex." Als der junge Mann, ein Student, der mit seinem wissenschaftlichen Aufsatz nicht weiterkam, seinem Meister das klagte und von ihm Verständnis erhoffte, antwortete der nur: „Fang einfach ein. Deine Arbeit ist wie Rasenmähen. Du kannst mit dem Mähen überall anfangen. Ganz gleich, an welcher Stelle du auch anfängst, der Rasen wird fertig, wenn du nur dabeibleibst."

Eile

Es gab einen großen Waldbrand, und als der Meister davon hörte, rief er alle seine Schüler zusammen und forderte sie auf, bei der Aufforstung mitzuhelfen: „Wir müssen vor allem die Zedern wieder anpflanzen!" „Aber die brauchen doch 2000 Jahre zum Wachsen", zögerte einer der Schüler. Die Antwort des Meisters: „In diesem Fall dürfen wir keine Minute verlieren. Fangen wir augenblicklich damit an."

Ein anderes Mal klagten die Schüler beim Meister über die Ausrottung der Regenwälder und über das Sterben der einheimischen Bäume. „Tut etwas dagegen!", sagte der. „Wann sollen wir anfangen?" „Da gibt es nur zwei sinnvolle Zeitpunkte. Der eine war vor 20 Jahren. Der zweitbeste ist: Jetzt und hier!"

Zwei Wölfe

Ein alter Indianer saß mit seinem Enkel am Lagerfeuer. Es war schon dunkel geworden und das Feuer knackte, während die Flammen in den Himmel züngelten.

Der Alte sagte nach einer Weile des Schweigens: „Weißt du, wie ich mich manchmal fühle? Es ist, als ob da zwei Wölfe in meinem Herzen miteinander kämpften. Einer der beiden ist rachsüchtig, aggressiv und grausam. Der andere hingegen ist liebevoll, sanft und mitfühlend."

„Welcher der beiden wird den Kampf um dein Herz gewinnen?", fragte der Junge.

„Ganz einfach: der Wolf, den ich füttere", antwortete der Alte.

Der Sorgensack

Ein Engel begegnete einem Mann, der mühsam einen schweren Sack auf seinem Rücken schleppte.

„Was trägst du da auf deinen Schultern", fragte der Engel.

„Meine Sorgen", seufzte der Mann. „Sie sind eine schreckliche Last."

„Setz deinen Sack doch einmal ab", sagte der Engel, ‚und lass mich sehen, was alles darin ist und welche Probleme du hast.'

Als er den Sack aufmachte war er – leer.

Der Mann war verblüfft. Er hatte zwei große Befürchtungen gehabt: Eine betraf die Vergangenheit, aber er sah – sie war vergangen; die andere betraf das Morgen. Aber der lag in der Zukunft, war also noch nicht da.

Da sagte der Engel zu ihm: „Du hast keine Probleme. Schmeiß deinen Sack weg!"

Wie viel wiegt das Leben?

Ein Schüler kam zu seinem spirituellen Lehrer. „Meister", sagte er mit leiser und depressiver Stimme, „das Leben liegt wie eine Zentnerlast auf meinen Schultern. Es drückt mich zu Boden. Ich habe das Gefühl, unter dem Gewicht zusammenzubrechen."

„Mein Lieber", sagte der Alte mit einem leisen Lächeln, „das Leben ist leicht wie eine Feder."

„Meister, bei aller Demut, aber hier musst du irren. Denn ich spüre mein Leben wie eine Last von tausend Pfund auf mir. Was kann ich tun?"

„Wir sind es selbst, die uns Last auf unsere Schultern laden", sagte der Meister, immer noch lächelnd.

„Aber…", wollte der Junge einwenden.

Der alte Mann hob die Hand: „Dieses ‚Aber' wiegt allein tausend Pfund."

Nur der Samen

Ein junger Mann betrat im Traum einen Laden. Hinter der Theke stand ein älterer Mann. Hastig fragte er ihn: „Was verkaufen Sie, mein Herr?" Der Angesprochene antwortete freundlich: „Alles, was Sie wollen!" Der junge Mann begann aufzuzählen: „Dann hätte ich gerne die Welteinheit und den Weltfrieden, die Abschaffung von Vorurteilen, Beseitigung der Armut, mehr Einheit und Liebe zwischen den Religionen, gleiche Rechte für Mann und Frau und … und …" Da unterbrach ihn der Mann hinter der Ladentheke: „Entschuldigen Sie, junger Mann, Sie haben mich falsch verstanden. Wir verkaufen keine Früchte, wir verkaufen nur den Samen."

Vollkommen unvollkommen

Der Meister wurde von einem Kunststudenten gefragt: „Wann ist etwas vollkommen? Wie kann ich Perfektion erreichen?" Der Meister antwortete: „Es gibt Vollkommenheit. Allerdings muss man wissen, dass sie auch ihr Maß und ihre Grenze hat: Man sollte zum Beispiel einer Schlange keine Füße malen. So wie jener Künstler, der eine Schlange so perfekt und lebensnah malte, dass sein Ruhm aufgrund dieses Bildes ins Unermessliche stieg. Damit stieg sein Stolz, und er erlag der Versuchung, seinen Ruhm noch zu steigern, in dem er das Gemälde immer weiter perfektionieren wollte. Er verstärkte den Glanz ihrer Augen, er zog die Konturen ihrer Zähne noch kräftiger nach – und malte der Schlange zuletzt auch noch Füße."

Offen für Neues

Zufriedenheit ist die Kunst, mit Beschränkungen zu leben. Ein alter Meister, der sein Leben lang Zen praktiziert hatte und mit seinem Diener zusammenlebte, hatte nur noch drei Haare auf seinem ansonsten kahlen Haupt. Diese drei Haare flocht ihm sein Diener jeden Morgen zu einem Zopf. Eines Tages war er etwas ungeschickt – und hatte zwei Haare in der Hand. Erschrocken sagte er: „Meister, du hast nur noch ein Haar!" Darauf der Meister: „Dann werde ich mein Haar in Zukunft eben offen tragen."

Geld oder Leben

Man diskutierte darüber, ob der Karrierestress sinnvoll sei und wie viel Zeit man in Geldverdienen investieren solle. Einer brachte die allgemeine Meinung auf den Punkt: „Geld entscheidet alles. Und was das wichtigste ist: Es nimmt es mir die Angst vor der Zukunft. Man weiß bei der heutigen Rentenentwicklung ja nie, wie das weitergehen wird." Der Meister fragte zurück: „Lohnt es sich wirklich? Du kommst mir vor, wie der Mann, der überfallen wurde. Der Räuber schrie ihn an: Geld oder Leben! Und er antwortete: Nehmen Sie mir lieber das Leben. Das Geld brauche ich noch für später!"

Schöner Durst

Der Meister sah eine Bierreklame. Als er las „Durst wird durch Bier erst schön," fing er an zu lachen. Und er erzählte, wie er einmal eine lange nächtliche Bahnfahrt im oberen Bett des Liegewagens verbracht hatte. Es war ihm unmöglich, Schlaf zu finden, weil von der unteren Liege ein ständiges lautes Stöhnen kam: „Ach, bin ich durstig! Ich bin so durstig!!" Als dieses Klagen und Stöhnen kein Ende nehmen wollte, war er heruntergeklettert, in den Speisewagen gegangen und hatte zwei Dosen Bier gekauft, die er dem geplagten Mitreisenden in die Hand drückte. Der bedankte sich großartig dafür und machte sich sofort daran, die Dosen zu öffnen. Kaum war der Meister aber wieder hochgeklettert, hatte sich in seinem Bett ausgestreckt und die Augen zugemacht, hörte er von unten erneutes Stöhnen und Wehklagen: „Mein Gott, war ich durstig! Oh, wie durstig ich doch war!"

Oje

Zwei Frauen sitzen schweigend auf einer Bank im Park.

Nach einer Weile sagt die eine: „Oje".

Die andere antwortet: „Oje".

Darauf die Erste: „Schön und gut. Jetzt aber genug von den Kindern."

Oweh

Der Meister wurde von einer Frau um Rat gebeten: „Mein Mann leidet schrecklich unter seiner Alkoholsucht. Aber immer wieder hat er einen Rückfall und trinkt weiter."

Da sagte der Meister: „Das erinnert mich an einen Mann, der fürchterlich schrie. Die Nachbarn fragten erschrocken: ‚Was ist los mit dir?' Der Mann darauf: ‚Ich habe fürchterliche Schmerzen!' Die Nachbarn fragten ihn: ‚Warum hast du Schmerzen?' Der Mann heulte: ‚Weil es so weh tut!' Sie fragten weiter: ‚Und warum tut es dir so weh?' Der Mann reagierte ungehalten: ‚Es tut mir weh, weil ich mir mit dieser großen Nadel durch die Hand gestochen habe!' Die Nachbarn schüttelten den Kopf. ‚Warum stichst du dir denn mit der Nadel in die Hand, wenn du weißt, dass es so weh tut?' ‚Weil ich sonst nicht schreien und jammern könnte', antwortete der Mann. Und wimmerte weiter in den schrillsten Tönen."

Der Meister fuhr fort: „Du wirst deinen Mann nicht ändern können. Für viele Menschen ist es leichter zu leiden, als etwas zu ändern."

Das Wasser der Quelle

Ein junger Novize kommt verzweifelt zum Einsiedler: „Ich lese viel in der Heiligen Schrift, ich bete täglich die Heiligen Gebete. Aber ich kann nichts behalten, ich vergesse das meiste wieder. Was soll ich tun?"

Der Einsiedler schweigt lange, dann gibt er ihm einen verschmutzen Weidenkorb: „Mich dürstet. Geh hinunter zu der Quelle, die du siehst, und bring mir Wasser herauf."

Der junge Mann beeilt sich, aber das Wasser rinnt durch den Korb.

„Geh noch einmal!", sagt der Einsiedler.

Das gleiche wiederholt sich zehn Mal.

Schließlich sagt der Alte: „Schau jetzt den Korb an. Sieh, wie sauber er geworden ist. So ist es auch mit dir. Die Worte der Schrift bewegen sich durch dich hindurch. Auch wenn du sie nicht behältst, sie reinigen dich. Sie treiben dich zu guten Werken. Und wo früher trockener Boden war, bringen sie blühendes Leben."

Nicht aufregen

In einem irischen Pub im County West Cork hängt, für alle gut sichtbar, ein Schild an der Wand über der Theke. Eine Art Lebenslehre: „Don´t worry": Reg dich nicht auf, heißt es da. Und die Erklärung: „Es gibt immer zwei Möglichkeiten. Entweder du bist gesund, oder du bist krank. Wenn du gesund bist – warum solltest du dich aufregen? Wenn du krank bist, gibt es zwei Möglichkeiten: Entweder du wirst gesund. Warum solltest du dich dann aufregen? Oder du wirst nicht gesund. Aber auch wenn du stirbst, gibt es zwei Möglichkeiten. Entweder du kommst in den Himmel. Also kein Grund zur Aufregung! Oder du kommst in die Hölle. Und wenn du in die Hölle kommst, wirst du so viele gute alte Bekannte treffen, denen du die Hand schütteln musst, dass du gar keine Zeit haben wirst, dich aufzuregen."

3

Achtsam sein

Der Atem

Ein Meister, der noch in hohem Alter für seine Vitalität und die Kraft seiner Meditation bekannt war, wurde einmal gefragt: „Warum ist es so wichtig, richtig zu atmen?" Er antwortete: „Wer den Atem verliert, verliert die Sekunde, wer die Sekunde verliert, der verliert die Stunde, wer die Stunde verliert, der verliert den Tag, und wer den Tag verliert, der verliert sein Leben."

Die Rose

Ein weiser Mann im Orient erläuterte seinen Schülern, dass das Glück darin liege, den Augenblick zu begrüßen. Das sei auch der Grund dafür, dass der Dankbare nicht unglücklich sein könne. „Was ist die Grenze zwischen Glück und Unglück?" fragte ein Schüler. Der Meister antwortete mit einer Geschichte: „Eines Tages saß ein trauriger Mensch am Rande eines Baches. Da trug das Wasser eine Rose heran. Eine Rose, die von irgendwoher kam. Ringsherum war dürre Steppe. Weit und breit kein Garten. Der Anblick der Rose hellte das Herz des Traurigen für einen Augenblick auf. Ein Wunder! Doch dann sagte er sich: ‚Mal sehen, ob der Bach noch Besseres als eine Rose bringen wird!' Gespannt blickte er lange auf das Wasser. Es kam war ein Stück stinkender Mist. Die Rose aber war verschwunden, für immer."

Nur Steine

Es war einmal ein Farmer in Australien, der hörte, dass viele ihre Farm verkauften, um nach Diamanten zu schürfen. Einige waren auf diese Weise schon sehr reich geworden.

Der Mann entschied sich, ebenfalls seine Farm zu verkaufen und fand auch schnell einen Käufer. Mit dem Geld machte er sich auf, um nach Diamanten zu schürfen.

Es verging ein Monat, doch er fand nichts. Auch nach zwei, drei und sechs Monaten war seine Suche erfolglos. Er suchte noch ein halbes Jahr und war am Ende so verzweifelt, dass er sich von einer Brücke stürzte und sich das Leben nahm.

Der Mann hingegen, der die Farm von dem erfolglosen Diamantensucher gekauft hatte, wunderte sich über die Steine, die dort überall auf dem Land lagen. Er nahm einen der Steine mit zu einem Experten, und der teilte ihm mit, dass dies einer der größten Diamanten war, den

er je gesehen hatte. Es gab unzählige dieser
Steine auf dem Gelände der Farm, nur hatte sie
bisher niemand entdeckt, da sie roh und unge-
schliffen waren.

Sonnenaufgang

Im Orient gab es einen weisen Mann, von dem die Menschen noch heute erzählen. Sie bewundern sein Gespür für den rechten Zeitpunkt und berichten, wie dieser Weise jeden Morgen seine Leute um sich versammelte und sie nicht eher an die Arbeit gehen ließ, als bis er die Sonne aufgehen geheißen hatte. Seine Weisheit war so groß, seine Selbstbeherrschung so unerschütterlich und er selber so klug, dass er diesen Befehl nicht eher aussprach, als bis die Sonne wirklich an dem Punkt stand, von selber zu erscheinen.

Nicht verschlafen!

Der neue Schüler fragte den Meister: „Was kann ich tun, damit ich erleuchtet werde? Hilft die tägliche Meditation?" „Nein! Und tun kannst du dafür gar nichts", sagte der Meister. „Genauso wenig wie du dazu beitragen kannst, dass morgen früh die Sonne aufgeht!" „Und wozu soll ich dann überhaupt meditieren?" „Damit du nicht schläfst, wenn die Sonne aufgeht!"

Welcher ist der richtige?

Ein Mann auf der Suche nach Reichtum hört, dass es irgendwo auf der Welt einen Stein gibt, der eine wunderbare Eigenschaft hat: Alles was mit ihm in Berührung kommt, verwandelt sich in Gold. Er macht sich auf, diesen Stein zu finden und bindet sich eine Eisenkette um. Jeden Stein am Rand seines Wegs hebt er auf und schlägt ihn gegen die Kette. Nichts verändert sich. So geht es Tag um Tag. Woche für Woche. Er hebt einen Stein auf, schlägt ihn gegen die Kette und sucht den nächsten. Über die Wochen und Monate wird er immer achtloser. Bis ihn eines Tages ein kleiner Junge anspricht und ihn fragt: Alter Mann, wo hast du denn die schöne Kette her? Der Mann blickt an sich hinunter. Und in der Tat: Die Kette ist aus Gold. Doch welcher der Tausende von Steinen, die er in den letzten Wochen und Monaten weggeworfen hat, war der richtige?

Gehör

Man sieht nur mit dem Herzen gut, sagt der Weise. Wir hören auch nur, wonach wir uns sehnen: Ein Alter und ein Junge gehen durch die Stadt. Plötzlich bleibt der Alte stehen und sagt: „Hör doch, da singt eine Grille." „Wie kannst du in diesem Lärm eine Grille hören?", wundert sich der Junge. Der Alte zuckt nur mit den Schultern – und geht weiter. Im Weitergehen lässt er unbemerkt eine Münze zu Boden fallen. Der Junge bleibt sofort stehen und sucht nach dem Geld. Da sagt der alte Mann: „Wie ist es möglich, dass du in diesem Stadtlärm eine einzelne Münze fallen hörst?"

Unterricht

Ein Zen-Meister will eben eine Lehrstunde für seine Schüler beginnen, als ein kleiner Vogel sich auf der Fensterbank niederlässt, um sich blickt, ein Lied zwitschert und wieder davonfliegt.

„Für heute ist der Unterricht beendet", erklärt der alte Meister und verlässt den Lehrraum.

Erdumdrehung

Da hat einmal ein Spaziergänger einen Betrunkenen beobachtet, der mit seinem Hausschlüssel in der Luft herumfuchtelte, und er fragte ihn: „Was machst du da?"

Die Antwort des Betrunkenen: „Die Erde dreht sich und ich warte, bis mein Haus vorbeikommt."

Und so wartet er noch heute.

Die Erde aber dreht sich weiter.

Vor der Erleuchtung

Ein gestresster Manager kam zum Meister und sagte zu ihm: „Mein Leben ist derart hektisch und fremdgesteuert – ich brauche ein Gegengewicht. Das suche ich auf dem spirituellen Weg."

Der Meister erwiderte: „Ein spiritueller Weg, der aus dem Alltag wegführt, ist ein Irrweg."

Und er erzählte die Geschichte eines Zen-Mönchs, zu dem ein Schüler kam. Er wollte unterrichtet werden und zur Erleuchtung kommen. „Hast du deine Schüssel Reis schon gegessen?" fragte der Mönch.

„Ja", sagte der Schüler.

„Dann wasch deine Reisschüssel ab", entgegnete der Mönch, drehte sich um und ging weg.

„In diesem Augenblick", sagte der Meister zu dem Manager, „kam der Schüler zu einer tiefen Einsicht. Kannst du das verstehen?"

Nach der Erleuchtung

Ein Schüler, der wusste, wie sehr eine Erleuchtung das Leben eines Menschen umstürzen kann, fragte den Meister, ob er das selber genauso so drastisch erfahren habe.

„Ja, natürlich", sagte der Meister. „Bevor ich die Erleuchtung suchte, waren die Berge Berge und die Flüsse Flüsse. Als ich nach der Erleuchtung suchte, waren die Berge keine Berge und die Flüsse keine Flüsse mehr. Nachdem ich die Erleuchtung gehabt habe, sind die Flüsse wieder Flüsse, und die Berge sind wieder Berge."

Köstlich

Ein alter Zen-Mönch fühlt seinen Tod nahen und sagt seinen Novizen, dass er in den nächsten Stunden sterben wird. Sie versammeln sich um sein Lager, nur sein Lieblingsschüler geht auf den Markt, um einen Kuchen zu holen, von dem er weiß, dass sein Meister ihn besonders liebt. Als er schließlich diesen Kuchen gefunden hat, hat er Angst, zu spät zu kommen. Als er in die Zelle kommt, schlägt der Mönch die Augen auf und murmelt: „Endlich. Wo ist der Kuchen?" Er lässt sich ein Stück reichen und verzehrt es mit großem Genuss. Die Schüler sind verwirrt. Und einer fragt schließlich: „Meister, was willst du uns noch sagen? Was ist deine wichtigste Lehre?"

Der alte Mönch macht die Augen noch einmal auf und sieht seine Schüler an. Dann sagt er – und er betont jedes Wort –: „Dieser Kuchen schmeckt ausgezeichnet."

Täglich

Ein junger Mann kam zu einem ebenso reichen wie weisen Mann in der Nachbarschaft und sagte zu ihm: „Ich darf auf eine lange Reise gehen. Gib mir deinen Ring, dann werde ich täglich an dich erinnert werden".

Der Nachbar antwortete: „Ich habe eine bessere Idee. Ich behalte den Ring selbst. Und jeden Tag, wenn du deinen nackten Ringfinger betrachtest, wirst du dich automatisch an mich erinnern, da ich meinen Ring selbst behalten habe."

Die Frage

Ein Philosoph wollte den Meister auf die Probe stellen. Und er legte ihm eine Frage vor: „Was gäbe es zu sehen, wenn niemand da wäre, es zu sehen?"

Der Meister dachte nach. Dann antwortete er: „Was wäre nicht zu sehen, wenn ein Sehender da wäre, es zu sehen?"

4

Von der Ruhe

Was schlimmer ist

Ein Freund sagt zum anderen: „Manchmal frage ich mich, was schlimmer ist: Ignoranz oder Gleichgültigkeit!"

Darauf der andere: „Das weiß ich nicht. Und es interessiert mich auch nicht!"

Weltuntergang

Im Großstadttrubel steht ein selbsternannter Prophet auf einen Podium und predigt den Weltuntergang: „Das Ende ist nahe. Nur wenige werden gerettet. Der Herr kommt wieder und zwar bald: Am 30. Mai wird es soweit sein. Kehret um!"

Der Zuhörer, den er dabei mit stechendem Blick ins Visier nimmt, gibt ihm ganz ruhig zur Antwort: „Geht mich nichts an. Am 30. Mai bin ich in Freising."

Einblick

„Du kannst dich finden – und den Himmel erfahren", sagte ein Einsiedler.

Als er einmal danach gefragt wurde, was das
Besondere seiner Erfahrung sei, nahm er einen
Stein, warf ihn ins Wasser und sagte:

„Schau in den Brunnen. Was siehst du?"

„Wasser, das sich bewegt."

Nach einer Zeit, als das Wasser ruhig geworden war:

„Was siehst du jetzt?"

„Jetzt sehe ich mich selber. Ich kann mein
Gesicht erkennen. Und auch der blaue Himmel
spiegelt sich."

„Siehst du", sagte der Einsiedler. „Das ist
der Himmel: die Erfahrung der Ruhe und Einsamkeit."

Faulheit

Als der eben angekommene Schüler den Zen-Meister zum ersten Mal bei seiner Zen-Übung sah, fragt er ihn: „Was machst du da?"

Der Meister erwiderte: „Gar nichts."

Der Schüler sagte: „Du sitzt also nur faul da."

Der Meister: „Wenn ich faul dasäße, würde ich ja etwas tun!"

Der Schüler, verständnislos: „Hast du nicht gesagt, du würdest nichts tun? Was also tust du nicht?"

Der Meister: „Das wissen nicht einmal die Götter!"

Übereifrig

Ein junger Schüler war für seinen besonderen Eifer bekannt. Er meditierte Tag und Nacht und wollte seine Übungen nicht einmal zum Essen oder Schlafen unterbrechen.

So wurde er immer dünner und dünner, und auch die Erschöpfung nahm zu.

Der Meister rief ihn zu sich und riet ihm, langsamer vorzugehen und nicht zu viel von sich zu verlangen. Das aber wollte der Schüler nicht hören.

„Warum hast du es so eilig?", fragte ihn da der Meister.

„Ich strebe nach Erleuchtung", sagte der Schüler. „Da habe ich keine Zeit zu verlieren."

„Und woher weißt du, dass die Erleuchtung vor dir läuft, so dass du ihr hinterherlaufen musst?", fragte ihn der Meister. „Es könnte doch auch sein, dass sie hinter dir ist und dass du nichts weiter tun musst, als stillzustehen …"

Erschöpft

Der Meister hörte sich einen Mann an, der ihm über seinen ständig wachsenden Stress und über den drohenden Burnout berichtete und um Hilfe bat. Der Meister schwieg zuerst. Dann erzählte er, er habe kürzlich einen Holzfäller beobachtet. Der verschwendete viel Zeit und Kraft, weil er ganz offensichtlich mit einer stumpfen Axt arbeitete. Als er ihn fragte, wieso er denn die Schneide nicht schärfe, sagte er: „Keine Zeit!" Und plagte sich weiter. „In dem Mann können wir uns alle wieder finden", sagte der Meister. „Wer nimmt sich schon die Zeit, zu fragen, ob das alles sinnvoll ist, was wir tun. Und wer fragt schon, worum es eigentlich geht in unserem Leben? Nimm dir eine Zeit der Stille, und denke darüber nach!"

Ochs und Esel

Dem Rabbi klagte einmal einer seiner Schüler: „Ich lerne unablässig. Ich bete und mühe mich ab, gut zu sein und das Gute zu tun. Und ich merke dennoch nicht, dass ich dadurch Gott näherkomme."

Da sagte der Rabbi: „Nimm den Willen Gottes auf dich, wie ein Ochs sein Joch und ein Esel seine Last. Und schau, wie der Ochs lebt: Er geht des Morgens aus dem Stall auf das Feld, er pflügt und wird wieder nach Hause geführt. Und so Tag um Tag. Und nichts ändert sich ihm. Aber das gepflügte Feld bringt seine Frucht."

Die Antwort

Ein Mächtiger sucht den berühmten Meister auf.

„Was ist das Wesen des Selbst?", fragt er.

Der Meister schaut ihn ganz ruhig an. Und schweigt.

Der Besucher wiederholt seine Frage. Der Meister schweigt weiter. Noch einmal die gleiche Frage. Wieder die gleiche Reaktion: Der weise Alte bleibt stumm.

Da wird der Mächtige zornig. Er brüllt den Alten an: „Was ist denn nun? Wirst du mir bald antworten?"

„Drei Mal habe ich dir geantwortet, aber du hörst nicht zu", antwortet der Meister gelassen. „Das Wesen des Selbst ist die Stille."

Stärke

„Wie kann man geistige Stärke messen?" fragten die Schüler den Meister.

„Da gibt es viele Möglichkeiten", war die
Antwort.

„Zum Beispiel?"

„Findet heraus, wie oft ihr euch im Verlauf
eines einzigen Tages aufregt!"

Ruhelos

Viele Menschen laufen vor sich selbst und vor ihrem Glück davon. Es war einmal ein Mann, den verstimmte der Anblick seines eigenen Schattens so sehr, dass er beschloss, den Schatten hinter sich zu lassen.

Er sagte zu sich: „Ich laufe ihm einfach davon!" So stand er auf und lief davon. Aber sein Schatten folgte ihm mühelos.

Er sagte zu sich: „Ich muss schneller laufen!" Also lief er schneller und schneller, solange, bis er tot zu Boden sank.

Wäre er einfach in den Schatten eines Baumes getreten, so wäre er seinen eigenen Schatten losgeworden, und hätte sich in Ruhe hinsetzten können. Aber darauf kam er nicht.

Hilfsangebot

Die Regierung eines westlichen Landes hatte eine Delegation von Mönchen und hohen Lamas aus Tibet eingeladen, um ihnen zu zeigen, was man für ihr so armes, rückständiges, wenngleich wunderschönes Land tun könne. Sie waren an die Weiten der Natur und an die Einsamkeit gewöhnt und kamen jetzt in ihren bunten Gewändern in die Weltstadt, wo sie höflich und freundlich aufgenommen wurden. Sie fanden sich mit ihren Begleitern plötzlich auch in der U-Bahn, inmitten von Menschenmassen, die schwarz gekleidet, ernsthaft in ihre Zeitungen vertieft, ohne Kontakt miteinander sich in den Zügen drängten. Keiner unterhielt sich, keiner lächelte. Da wandte sich der Leiter der tibetischen Delegation an den Begleiter aus dem westlichen Land und frage ihn voller Mitleid: „Was können wir für euch tun?"

5

Wissen und Weisheit

Lebensweisheit

Ein Tiger war mit einem Leoparden und mit einem Schakal unterwegs. Sie folgten ihm überall hin und waren ihm treu ergeben. Wenn der Tiger Beute gerissen hatte, fraß er sich satt und überließ, was übrig geblieben war, seinen beiden Gefährten. An einem Tag hatte der Tiger drei Tiere erbeutet und getötet: ein kleines, ein schweres und ein mittelschweres. Da fragte der Tiger seine Gefährten: „Wie sollen wir die jetzt aufteilen?"

„Ganz einfach", sagte der Leopard. „Du nimmst das größte, ich das mittlere Tier. Und das kleine überlassen wir dem Schakal."

Zur Antwort hob der Tiger seine Pranke und riss den Leoparden in Stücke.

„Wie sollen wir teilen?", fragte er wieder.

„Ganz einfach", antwortete der Schakal. „Das kleinste Stück nimmst du als Frühstück. Das größte wird dein Mittagsmahl. Und das mittlere hebst du dir als Abendessen auf."

Der Tiger war verblüfft: „Wer hat dich, Schakal, solch große Weisheit gelehrt?"

Der Schakal zögerte einen kurzen Augenblick und mit der größten Unterwürfigkeit, die ihm zur Verfügung stand antwortete er: „Der Leopard, Majestät!"

Gewissheit

Die Schüler waren in parapsychologische Fragen vertieft und diskutierten heftig darüber, ob man den Zeitpunkt seines eigenen Todes erahnen könne und wie man darüber Gewissheit erlangen würde. Schließlich zogen sie ihren Meister zu Rate. Der sagte ihnen: „Nicht jeder weiß es. Aber mein Großvater war einer von denen, die es wussten. Er kannte nicht nur das Jahr, sondern sogar den Tag, ja sogar die genaue Stunde seines Todes." „Welch ein bedeutender spiritueller Geist, welch erleuchtete und großartige Seele!", staunten die Schüler und starrten voller Bewunderung auf den Enkel dieses weisen Mannes. „Hat er Euch das Geheimnis hinterlassen? Können wir etwas davon lernen? Wie konnte er das wissen?" Der Meister antwortete: „Der Richter hat es ihm gesagt."

Konkret und abstrakt

Erstmals kehrte ein Sohn, der an der Universität Philosophie studiert hatte, nach Hause zurück. Der Vater bereitete ihm einen herzlichen Empfang und ein gutes Essen. Wein wurde getrunken, und der Vater sagte: „Was hast du an der Universität studiert, mein Sohn?" „Philosophie!" „Und was ist sie nütze, die Philosophie?" „Oh, die Philosophie ist zu vielem nütze", erwiderte der junge Mann. „Nimm zum Beispiel diesen gebratenen Hahn. Für gewöhnliche Menschen ist es nur ein gewöhnlicher, ein konkreter Hahn. Für uns Philosophen jedoch sind es zwei Hähne, ein konkreter und ein abstrakter Hahn." „Ich hätte nicht gedacht, dass die Philosophie so nützlich ist", sagte der Vater darauf. „Gut, machen wir es so: Ich esse den konkreten Hahn, und du verspeist den abstrakten."

Wissen oder glauben

„Glauben ist nicht Wissen, es ist auch nicht Sehen, sondern Vertrauenssache, von Mensch zu Mensch," sagte der Meister. Und er fügte hinzu: „Aber manchmal muss man sich auch auf seine Sinne verlassen." Und er erzählte eine alte Geschichte: Ein Bauer kam zu seinem Nachbarn, um sich dessen Esel zu borgen. „Ich habe ihn leider schon ausgeliehen", sagte der der. In diesem Augenblick fing das Tier im Stall an, laut zu schreien. „Aber ich höre ihn schreien", sagte der Bauer. Die Antwort des Nachbarn: „Wem glaubst du mehr, dem Esel oder mir?"

Einerseits und andererseits

„Was sagst du zu dem Satz: ‚Glauben heißt nicht wissen.‘ Der ist doch schwer zu widerlegen", wurde der Meister gefragt.

„Das stimmt", sagte der Meister. „Andererseits: Kürzlich bin ich mit einem Wissenschaftler, einem von der genauen und strengen Sorte, der nur glaubt, was er sieht, aufs Land gefahren. Als ich ihn so nebenbei aufmerksam machte: ‚Schau mal, die Schafe da sind frisch geschoren‘, da hat er mir geantwortet: Ja, auf unserer Seite.‘"

Beleuchtet

Ein berühmter Weiser des Orients, den man auch den hellsten Narren unter dem Halbmond nannte, saß immer umgekehrt auf seinem Esel, um nicht in die gleiche Richtung schauen zu müssen wie sein Reittier. Er kam eines Tages in ein Teehaus und verkündete den Leuten: „Der Mond ist nützlicher als die Sonne." Die Leute waren erstaunt und fragten: „Wieso denn das?" „Weil wir in der Nacht das Licht nötiger brauchen als am Tag."

Erleuchtet

„Wie ist eigentlich der Unterschied zwischen Wissen und Erleuchtung?", fragte der Schüler. Der Meister sagte ihm: „Das ist ganz einfach: Wenn du Wissen erwirbst, dann benutzt du eine Lampe, um den Weg zu beleuchten, den du gehst. Wenn du aber erleuchtet bist, dann bist du selbst ein Licht für andere, die den Weg suchen."

Lehrzeit

Der ehrgeizige Schüler wollte vom Meister gleich zu Beginn nur eines wissen: „Wie lange werde ich brauchen, um wirkliches Wissen zu erlangen und erleuchtet zu werden?" „Zehn Jahre", sagte der Meister. Der Schüler erschrocken: „Was? So lange?" Darauf der Meister: „Nein, ich habe mich geirrt. Du wirst 20 Jahre brauchen!" „Warum denn auf einmal die doppelte Zeit?", war der Schüler ganz verwirrt. Darauf der Meister: „Wenn ich es mir recht überlege, werden es in deinem besonderen Fall wahrscheinlich dann doch wohl 30 Jahre werden."

Der Chauffeur

Ein Nobelpreisträger für Physik wurde in ganz Deutschland eingeladen, um einen Vortrag zur Quantenmechanik zu halten. Er hielt immer den gleichen Vortrag. Zu den Terminen ließ er sich mit dem Autor chauffieren. Mit der Zeit kannte der Chauffeur seinen Vortrag auswendig und sagte: „Es muss ihnen doch langweilig sein, Herr Professor, immer den gleichem Vortrag zu halten. Ich schlage Ihnen vor, dass ich in München den Vortrag für Sie übernehme und Sie sitzen in der vorderste Reihe und tragen meine Chauffeursmütze. Der Gelehrte war amüsiert und stimmte zu. Und so hielt der Chauffeur vor einem erlesenen Publikum den Vortrag zur Quantenmechanik. Danach meldete sich ein Physikprofessor mit einer Frage. Der Chauffeur antwortete ihm: „Nie hätte ich gedacht, dass in einer so modernen Stadt wie München jemand eine so einfache Frage stellen würde. Ich werde meinen Chauffeur bitten, die Frage zu beantworten."

Beinahe

Ein Schüler sagte nach dem Vortrag des Meisters, er habe jetzt das Gefühl, ihn beinahe verstanden zu haben.

„Wer sagt, er habe etwas beinahe verstanden, der redet Unsinn", entgegnete ihm der Meister.

Ein anderer Schüler, der das hörte, bat ihn, das zu erklären.

„Gewiss", sagte der Meister, „genauso gut hätte er sagen können, dass etwas »beinahe ein Apfel ist«".

Kein Problem

Zu einem weisen Mann kam sein Schüler, ein Spätentwickler, der sich als Vierzigjähriger in eine Zwanzigjährige verliebt hatte. Er war nicht sicher, ob er sie heiraten dürfe. „Ist der Altersunterschied ein Problem, Meister", fragte er. Der Weise antwortete: „Keineswegs. Wenn du deine Frau anschaust, fühlst du dich zehn Jahre jünger. Wenn deine Frau dich anschaut, fühlt sie sich zehn Jahre älter. Also fühlt ihr euch beide wie dreißig."

Buchweisheit

Zu einem Weisen kam ein Schüler, um ihm eine Frage zu stellen: „Warum bekommt man eigentlich verliehene Bücher so selten wieder zurück?"

Darauf antwortete der Weise: „Weil es leichter ist, die Bücher zu behalten, als das, was drin steht."

Der andere Weg

Ein Mann betritt eine große Bibliothek, schaut in mehrere Bücher hinein und wählt nach langem Suchen drei aus, um sie mitzunehmen. Bei der Bücherausgabe fragt er den Angestellten: „Wie viele Bücher stehen eigentlich in dieser Bibliothek?"

„Einige Zehntausend."

„Und wie lange bräuchte man, um sie zu lesen?"

„Oh – einige Leben!"

„Dann möchte ich diese hier auch nicht", sagt der Mann. „Es wird doch wohl noch einen anderen Weg geben."

Ursache und Folge

In einem Indianerstamm fragten sie den Häuptling: „Wie wird der Winter werden?"

Er antwortete ihnen: „Er wird sehr kalt. Geht hin und sammelt Holz."

Da gingen sie in den Wald und sammelten Holz.

Darauf rief der Häuptling bei der Wetterstation an und erkundigte sich: „Wie wird der Winter werden?"

Sie sagten ihm. „Es wird sehr kalt werden. Die Indianer sammeln schon Holz."

Ursachenforschung

Lehrer: „Hans, du hast dieselben sieben Fehler im Diktat wie dein Tischnachbar. Wie erklärst du das?"

Hans: „Das ist einfach: Wir haben beide den gleichen Lehrer."

Alles relativ

Ein Mann sitzt am Flussufer, als ihm von der gegenüberliegenden Seite jemand zuruft und fragt:

„Wie komme ich denn ans andere Ufer?"

„Du bist am anderen Ufer", antwortet der Alte.

6

Vom
Miteinander

Tradition

Das junge Paar war frisch verheiratet. Eines Tages beschloss die junge Frau, eine Lammkeule zu schmoren.

Bevor sie das Ganze in den Ofen schob, schnitt sie von der Keule das untere Stück ab und legte dann die zwei Teile nebeneinander in den Schmortopf.

Ihr Mann schaute ihr über die Schulter und fragte sie: „Warum machst du das?"

„Ich weiß nicht, aber meine Mutter machte das immer genauso", war die Antwort.

Daraufhin fragte der Mann seine Schwiegermutter, warum sie das untere Stück der Keule abschnitt.

„Ich weiß nicht, aber meine Mutter machte das immer genauso", antwortete die Schwiegermutter.

Die Großmutter lebte noch, und so ging der Mann zu ihr und fragte auch sie, warum sie den unteren Teil der Lammkeule vor dem Schmoren abschnitt.

Und die Großmutter antwortet: „Ach, das hat einen ganz einfachen Grund: Mein Schmortopf war damals so klein, dass der ganze Braten einfach nicht hineinpasste."

Die Zielscheibe

Der Meister wurde gefragt: „Warum gelingt es manchen Menschen nicht, mit ihren Partnern auszukommen und andere sind in dieser Kunst perfekt? Gibt es eine Methode oder ist das Glück und Zufall?" Er sagte: „Man kann sich die Mitmenschen nicht backen. Aber man kann mit ihnen umgehen. Das ist wie bei dem Jäger, der im Wald spazieren geht, und überall Zielscheiben sieht, in denen, jeweils mitten im schwarzen Zentrum, ein Pfeil steckt. Er ist voller Bewunderung und will den Meisterschützen unbedingt kennenlernen. Als er ihm begegnet fragt er ihn nach dem Geheimnis seines Könnens. ‚Das ist ganz einfach', erwidert der. ‚Ich schieße den Pfeil ab und male anschließend den Kreis darum herum.'" Der Meister fuhr fort: „Es stellt sich immer erst im Nachhinein heraus, wie der Partner ist. Aber du kannst dich auf ihn einstellen."

Die Zielgruppe

Ein kluger Mann sagte einem, der sich bei ihm nach der Adresse eines bestimmten Beraters erkundigte: „Frag nie deinen Friseur, ob du einen neuen Haarschnitt brauchst und nie einen Finanzinvestor, ob du ein neues Finanzpapier brauchen könntest."

Und er erzählte folgende Geschichte: Jemand besuchte ein Geschäft für Angelzubehör. Er entdeckte einen auffällig blitzenden und glitzernden Plastikköder und fragte den Ladenbesitzer: „Sagen Sie, stehen Fische wirklich auf so Zeug?"

Der lächelte nur: „Wir verkaufen nicht an Fische."

Weisheit kennt kein Alter

Weisheit ist keine Frage des Alters. Im Orient erzählt man sich, um das zu illustrieren, die Geschichte eines jungen Mannes und eines Mädchens, die sich beide auf ihrem Weg nach Hause trafen. Das Mädchen kam von einem Spaziergang über die Felder. Der Junge war auf dem Rückweg vom Markt und schwer bepackt. Er hatte einen Kessel auf seinem Rücken. In der einen Hand trug er ein lebendes Huhn und einen Stock, mit der anderen Hand führte er eine Ziege. Die beiden gingen den Weg gemeinsam weiter und unterhielten sich gut. Das Mädchen war ausnehmend hübsch. Und auch der kräftige junge Mann war ansehnlich und sympathisch. Als sie aber an eine Bergschlucht kamen, blieb das Mädchen stehen und sagte: „Hier gehe ich nicht mit dir weiter!" „Warum denn nicht?", fragte der Junge. Die Antwort: „Du könntest mich dort umarmen und küssen!" „Wie könnte ich?", fragte der Junge verblüfft. „Ich habe doch einen Kessel auf dem Rücken, an der einen Hand ist die Ziege angebunden, in der anderen halte ich das Huhn und meinen Stock." Das Mädchen gab nicht auf und blieb standhaft: „Du könntest mich die Ziege halten lassen, den Stock in den Boden rammen, das Huhn auf den Boden setzen und den Kessel darüberstülpen. Und dann könntest du mich umarmen und küssen."

Lange und sehr nachdenklich starrte der hübsche Junge das schöne Mädchen an. Dann sagte er: „Allah segne deine Weisheit."

Dann gingen sie gemeinsam in die Schlucht.

Verzeihen

Zwei bayerische Großbauern, die Nachbarn waren, konnten sich ein Leben lang nicht leiden und bekämpften sich erbittert bis auf den Tod. Der eine wurde sterbenskrank und lag, so schien es, in den letzten Zügen. Da ließ er seinen Nachbarn rufen. Der kam, widerwillig, aber er kam und betrat die Stube mit gesenktem Kopf.

„Sind wir wieder gut?", sagte der Kranke und streckte ihm die Hand entgegen.

Darauf der Nachbar: „Wenn du meinst, sind wir wieder gut."

Darauf der Sterbende: „Wenn ich aber nicht sterbe, dann bleibt alles beim Alten!"

Vergeben und Vergessen

Nachdem seine Frau ihn wieder einmal mit seiner Vergangenheit konfrontiert hatte, reagierte der Ehemann genervt: „Warum hältst du mir denn die alten Fehler immer wieder und immer wieder neu vor? Ich dachte, das sei endlich vergeben und vergessen!" „Das ist es auch, was mich angeht", erwiderte die Ehefrau. „Mir ist nur wichtig, dass du nicht vergisst, dass ich vergeben und vergessen habe."

Raumproblem

Ein Bauer kam zu einem Rabbi und klagte sein Leid: „Rabbi, ich halte es nicht mehr aus. Der Lärm wird unerträglich. Wir leben mit meiner Frau, meinen sechs Kindern und meinen alten Eltern in einem einzigen Zimmer." Der Rabbi überlegt: „Hast du Tiere?"

Und der Bauer antwortet: „Ja, eine Ziege und ein Schaf."

Der Rabbi sagt zu ihm: „ Nimm die Ziege zu dir in die Wohnung!"

Der Bauer folgte dem Rabbi. Nach zwei Tagen kam er wieder und klagte: „Es ist furchtbar!" Der Rabbi forderte ihn auf: „Nun nimm auch noch das Schaf zu dir in die Wohnung."

Der Bauer tat es und klagte noch mehr.

Da riet ihm der Rabbi: „Halte noch eine Woche durch."

Nachdem die Woche vorbei war, kam er wieder und war mit den Nerven völlig am Boden. Der Rabbi sagte: „Jetzt stelle die beiden

Tiere wieder in den Stall." Tags darauf kam der Bauer, glückstrahlend: „Jetzt ist alles wunderbar. Wir haben noch nie so großzügig gewohnt."

Hölle und Himmel

Ein Samuraikrieger suchte einmal einen Zen-Meister auf und bat um eine Erklärung, ob es Himmel und Hölle wirklich gebe. Der Meister sagte: „Ich habe keine Zeit für Leute wie dich", und drehte sich um. Da geriet der Samurai in Wut, zog sein Schwert aus der Scheide und drohte: „Für diese Unverschämtheit würde ich dich am liebsten töten." „Siehst du", sagte der Zen-Meister ruhig, „das ist die Hölle". Der Samurai war bestürzt und erkannte die Unbeherrschtheit seiner Wut und seiner Verletzung. Er steckte sein Schwert wieder in die Scheide und verbeugte sich vor dem Meister und dankte ihm, dass er ihm diese tiefe Einsicht vermittelt hatte. Darauf sprach der Zen-Meister: „Siehst du, das ist der Himmel."

Himmel und Hölle

Ein weiser Lehrer wurde von seinen Schülern gefragt: „Wir wissen so gut wie nichts über das Jenseits. Kannst du uns aufklären? Wie ist es denn im Himmel? Und wie unterscheidet sich der Himmel von der Hölle?" Er antwortete: „In der Hölle ist es so, dass die Leute um einen großen Tisch sitzen, darauf stehen Schüsseln, die gefüllt sind mit den wunderbarsten und leckersten Köstlichkeiten. Sie sitzen da mit langen Löffeln, länger als ihre eigenen Arme. So erreichen sie die Speisen in den Schüsseln nicht und verhungern vor den vollen Schüsseln. Sie bekommen einfach nichts in ihren Mund.

Im Himmel ist es nicht viel anders und doch ganz unterschiedlich: Die Menschen sitzen um die große Tafel, darauf stehen die gleichen köstlichen Speisen. Aber die Leute sind fröhlich, lächelnd, gesund und gut genährt. Warum? Sie nutzten die langen Löffel, um sich gegenseitig zu füttern. Das ist der Unterschied."

Wünschen

Es war einmal ein Ehepaar, das 25 Ehejahre zusammen verbracht hatte und gerade die silberne Hochzeit und den gemeinsamen 60. Geburtstag feierte. Da erschien während des Festes eine Fee und verkündete den beiden, dass jeder von ihnen einen Wunsch frei hätte.

Die Frau wünschte sich sofort: „Ich würde am liebsten zusammen mit meinem Mann eine Reise rund um die ganze Welt machen."

Die Fee schwang ihren Zauberstab und die Reisetickets erschienen aus dem Nichts.

Danach war ihr Mann an der Reihe. Er dachte einen Moment nach. Dann fragte er: „Kann ich mir wirklich alles wünschen?"

Die Fee bestätigte: „Alles, was dein Herz begehrt." „Gut", sagt er. „Dann hätte ich gerne eine 30 Jahre jüngere Frau."

Die Fee beschrieb mit ihrem Zauberstab einen Kreis in der Luft – und schon war er 90 Jahre alt …

Kommunizieren

Ein Radfahrer fährt mit zu lockerem Schutz-blech.

Ein Passant ruft ihm zu: „Ihr Schutzblech klappert!"

Der Radfahrer: „Was??"

Passant: „Hören Sie nicht, Ihr Schutzblech klappert!!"

Darauf der Radler: „Entschuldigung, ich kann nichts verstehen, mein Schutzblech klappert!!!"

Mutters Einsicht

Sawa hieß der Sohn eines Bauern, der im Zarenreich durch undurchsichtige Geschäfte steinreich wurde. Er baute sich in der Hauptstadt ein pompöses Haus, das er dem seiner Eltern nachempfand. Es war nur überdimensional größer.

Als er es voller Stolz seiner Mutter zeigte, sagte die nur: „Sawuschka, bisher habe nur *ich* gewusst, dass du ein Trottel bist, aber jetzt wissen es alle."

Respekt des Meisters

Der Meister war in Begleitung eines Schülers unterwegs, als sie einen blinden Bettler am Straßenrand sahen, der einen Hut vor sich stehen hatte. „Gib dem Mann etwas", sagte der Meister. Der Schüler warf eine Münze in den Hut des Bettlers und ging weiter. „Warum hast du nicht deinen Hut gezogen? Es wäre ein Zeichen des Respekts gewesen. Auch Bettler haben es nicht gern, wenn sie das Gefühl haben, sie würden achtlos und von oben herab behandelt!" „Aber er ist doch blind!", sagte der Schüler. Darauf der Meister: „Mann kann nie wissen, vielleicht ist er ja ein Schwindler."

Zuverlässig

„Man sollte immer zu seinem Wort stehen",
sagte der Meister, aber seine Aussagen auch immer den Umständen anpassen. Nicht wie jener
wieder einmal straffällig gewordene Taschen-
dieb, der – nach seinem Alter befragt – angab:
„Achtzehn Jahre". Als ihm der Richter entgegnete: „Das erzählen Sie uns jetzt schon seit ein
paar Jahren", reagierte der Sträfling mit dem
Brustton der Ehrlichkeit: „Stimmt. Ich habe
noch nie zu den Leuten gehört, die heute so
reden und morgen anders. Da bin ich anders"!"

Vorgesetzte

In einer Versammlung mehrerer Ordensgemeinschaften wird über den Gehorsam diskutiert. Der Jesuit wird gefragt: „Euer Orden misst dem Gehorsam ein übergroßes Gewicht bei. Wie schafft ihr es, dass alle gehorsam sind?" Der Jesuit antwortet: „Ganz einfach: Der Obere fragt, was der Untergebene will und ordnet dies dann an." Nach einigen Augenblicken des Nachdenkens unter den anderen Ordensleuten, fragt einer schließlich: „Aber es gibt auch Ordensleute, die wissen gar nicht, was sie wollen. Was macht man mit denen?" Der Jesuit antwortet: „Man macht sie zu Oberen!"

Streichorchester

Ein bekannter Unternehmensberater wurde damit beauftragt, die Wirtschaftlichkeit eines großen Sinfonieorchesters zu untersuchen. Er sollte einen Vorschlag zur Kostenreduzierung erarbeiten und beauftragte damit seine Mitarbeiter. Die beschäftigten sich bis ins Detail damit, wie ein Orchester arbeitet und zogen daraus ihre Schlüsse. Am Ende formulierten sie ihre Vorschläge für eine Orchesterreform. Sie hatten zum Beispiel bald herausgefunden, dass die zwölf Geigen alle dasselbe spielen. Das sei unnötige Doppelarbeit. Die Gruppe sollte drastisch verkleinert werden und falls wirklich eine größere Lautstärke gewünscht sei, ließe sich das ja durch eine elektronische Anlage mit Verstärkern erreichen. Das Spielen von Zweiunddreißigstelnoten erfordere einen zu hohen Arbeitsaufwand. Empfehlung war, diese Noten in den nächstliegenden Sechzehntelnoten zusammenzufassen. Man könnte dann auch Musikstudenten und weniger qualifizierte Kräfte beschäftigen. Man könne, so meinten sie, den Klangkörper dann immer noch „Streichorchester" nennen.

Lasten

Eine Touristin, die in einer armen Gegend einer asiatischen Stadt ein Mädchen beobachtete, das ein Kind auf dem Rücken trug, sagte mitleidig zu ihm: „Kleines Mädchen, du trägst eine schwere Last."

Das Mädchen antwortete: „Ich trage keine Last, ich trage meinen Bruder."

7

Gott, Götter
und Gebete

Die Reise nach Jerusalem

Ein Schüler verabschiedet sich von seinem Meister, um eine weite Pilgerreise anzutreten. Der Meister erzählte ihm bei dieser Gelegenheit eine alte Geschichte: „Zwei Männer waren auf dem Pilgerweg ins Heilige Land. Der ältere der beiden machte halt bei einem Haus, um nach Trinkwasser zu fragen. Sein Gefährte ruhte sich in der Zwischenzeit unter einem Baum aus und schlief ein. Als er wieder erwachte und es schon spät geworden, nahm er an, dass sein Freund in der Zwischenzeit weitergewandert war. Er schiffte sich also am nächsten Hafen ein und kam nach Jerusalem. Dort sah er am nächsten Tag seinen Freund aus der Ferne im Tempel, aber in der Menge verlor er ihn wieder aus den Augen. Das passierte ihm noch zweimal. Als er wieder zu Hause war, traf der Pilger seinen Freund – und erfuhr, dass der überhaupt nicht in Jerusalem gewesen war. Die Menschen in dem Haus, in dem er nach Wasser gefragt hatte, waren krank – und er war bei ihnen geblieben, um sie zu pflegen. Der Meister fragte nun seinen Schüler: „Was glaubst du, wer von den beiden das Ziel wirklich erreicht hat.?"

Und er erzählte eine andere Geschichte, die das verdeutlichen sollte: Zwei Mönche sind unterwegs zu einem heiligen Berg. Plötzlich bleibt der eine Mönch stehen und steckt ein Schilfrohr in den Grund und sagt: „Dies ist der heilige Berg."

Der Meister sagte: „Der Ort der letzten Wirklichkeit ist nicht weit weg. Er ist ganz nah. Unmittelbar vor uns. Hier und Jetzt."

Die rechte Wange

Ein Mann fragte einen für seine Heiligmäßig-
keit berühmten Mann lauernd: „Was würden
Sie tun, wenn ich Sie auf die rechte Wange
schlage?" Der Heilige antwortete lächelnd:
„Mein Freund, ich weiß, was ich tun sollte,
nicht, was ich tun würde."

Die linke Wange

Eine auf den Ruf ihrer Frömmigkeit bedachte Frau fragte den geistlichen Meister, ob schminken erlaubt sei. Er meinte: „Es gibt fromme Leute, die sagen Nein, andere sagen Ja, ich schlage daher einen Mittelweg vor: Schminken Sie doch nur die linke Wange."

Andachtsübung

Ein ungerechter Herrscher fragte einen weisen und frommen Mann, welche seiner Andachtsübungen den größten Verdienst bringe.

Der sagte: „Dein Mittagsschlaf."

Der Herrscher fragte verblüfft: „Wieso?"

Die Antwort des weisen Mannes: „Wenn du ruhst, während dieser kurzen Zeit, ist dein Volk frei von Tyrannei."

Behüte

Ein für seine Frömmigkeit und seinen Mut bekannter alter Mann wurde zu dem Gewaltherrscher gebracht, einem Nachfahren des gefürchteten Dschingis Khan.

Der Tyrann forderte von dem Alten: „Alle Großen hatten einen Ehrennamen, in dem der Name Gottes vorkommt: Der Gottgesandte. Der Gottgenehme. Ich möchte auch einen solchen Namen."

Der Alte sagte: „Gott behüte."

Theodizee

Nach einer großen Flutkatastrophe, bei der Hunderte von Menschen ums Leben gekommen waren, kamen trauernde und erschütterte Gläubige zum Meister und fragten ihn: „Wie konnte Gott das zulassen?"

Der Meister sagte: „Jetzt, im gleichen Moment, stellt auch Gott uns genau diese Frage: ‚Wie konntet ihr das zulassen?'"

Gott lachte

„Ich habe für mein Alter bestens vorgesorgt", sagte ein Geschäftsmann dem Meister bei einem Besuch. „Vier hohe Versicherungen werden fällig, wenn ich in Rente gehe, und mein Geld ist in sichere Immobilien investiert. Mein Arzt hat mir kürzlich einen hervorragenden Gesundheitszustand bescheinigt. Ich denke: Mir kann nichts passieren." Der Meister sagte nur: „Der Mensch dachte und Gott lachte." Und erzählte seinem Besucher die Geschichte eines Mannes, den er bei einer der großen Flutkatastrophen getroffen hatte. Als der erfuhr, sein Haus sei von der Flut weggerissen worden, lachte er: „Unmöglich! Ich habe den Hausschlüssel hier in meiner Tasche. Kannst du dir vorstellen, wie erst Gott gelacht hat?"

Warum, Herr?

Ein Mann will das Beste aus sich machen. Er geht zum Schönheitschirurgen und lässt sich das Gesicht glätten. Dann besucht er für ein paar Wochen ein Fitness-Studio und trainiert sich sehenswerte Muskeln an. Schließlich kleidet er sich beim ersten Modehaus für Herren komplett neu ein. Am nächsten Tag geht er in dieser Ausstattung zum besten Friseur der Stadt. Der verpasst ihm einen ganz modischen Schnitt und färbt die grauen Haare weg. Nach einem zufriedenen Blick in den Spiegel tritt er auf die Straße. Und wird von einem Laster überfahren. Sein letzter Ruf geht in den Himmel: „Herr, warum tust du mir das an?" Da ertönt eine Stimme aus dem Himmel: „Oje! Du bist das. Ich hatte dich wirklich nicht erkannt!"

Der Weg zum Himmel

Ein berühmter Theologe hatte in einer ihm fremden Stadt einen Vortrag zu halten: Er ging den Weg von seinem Hotel zu Fuß. Als er aber die Stadthalle nicht fand, wo der Vortrag stattfinden sollte, fragt er einige Jungen. Einer, der aufgeweckteste von ihnen, bot sich als Begleiter an und verwickelte ihn in ein Gespräch: „Was hat Sie denn in die Stadt gebracht? – Ah, ein Vortrag? Und worüber denn?" Als der Theologe antwortete: „Über den Weg in den Himmel", brach der Junge in Gelächter aus und konnte sich gar nicht mehr halten. „Den Weg zum Himmel will er kennen! Aber den Weg zur Stadthalle weiß er nicht!!"

Das Bittgebet

Der Meister hörte ein Gespräch seiner Schüler mit, die sich über die Wirksamkeit ihrer geistlichen Übungen unterhielten und sich selber darüber freuten, wie weit sie es darin schon gebracht hatten.

Er unterbrach ihr Gespräch und sagte: „Wisst ihr, wie ihr mir vorkommt? Wie die Frau, die auf die Veranda ihres Hauses trat und ein ebenso andächtiges wie intensives Gebet Richtung Himmel richtete: ‚Bewahre dieses Haus vor Tigern!‘, und dann wieder in ihr Wohnzimmer ging. Als ich sie darauf ansprach und sagte: ‚Es gibt doch im ganzen Land hier keine Tiger!‘, hat sie mir mit einer gewissen Überlegenheit geantwortet: ‚Siehst du, das ist der Beweis: Es funktioniert doch!‘“

Ein Wunder!

Ein muslimischer Herrscher hat seinen ergebenen Hofgeistlichen, der ihn überall begleitet. Eines Tages geht er auf die Jagd. Er zielt auf einen Vogel und verfehlt ihn; der Vogel flattert davon. Da ruft der Mullah: „Ein Wunder! Ein Wunder ist geschehen. Gott ist groß: Seht nur hin: Ein toter Vogel kann fliegen!"

Ohne Worte

„Von Gott kann man eigentlich nicht sprechen. Worte verzerren ihn nur", sagte der Meister zu seinem Schüler, als der ihn um theologische Unterweisung bat. „Warum sprichst du aber dann trotzdem über ihn?" fragte der Schüler. Darauf der Meister: „Wenn ich rede, dann darfst du nicht nur auf die Worte hören. Höre auf das Schweigen."

Tischgebet

Ein Schüler lud seinen frommen Meister zum Essen ein und bereitete ein festliches Mahl vor. Der Meister kam, setzte sich an den Tisch und fing an zu essen, als die Speisen aufgetragen wurden. Der Schüler war irritiert. Er fragte ihn später: Warum hast du eigentlich nicht gebetet, bevor es ans Essen ging?"

Die Antwort des Meisters: „Jeder Atemzug ist für mich Gebet. Jeder Schritt, den ich gehe, ist Gebet. All mein Tun ist Beten. Warum sollte es mit dem Essen anders sein?"

Das Mantra

Ein Novize berichtete seinem Meister stolz, dass es ihm gelungen sei, die störenden Gedanken loszuwerden, die ihn bei der Meditation immer wieder überkamen. Er hatte, wenn sie ihn ablenken wollten, ein Mantra rezitiert: ein ganz kurzes Gebet. Da erzählte ihm der Meister eine Geschichte: „Ein Fuchs, der lange Zeit im Wald lebte, stellte fest, dass ihn plötzlich die Läuse anfielen. Er musste sich ständig kratzen, doch es half nichts. Als er wieder einmal zu einem Bach ging, um zu trinken, tauchte er seine Pfoten ins Wasser. Er stellte fest, dass die Läuse sich zumindest von seinen Pfoten zurückzogen und weiter nach oben krochen. Schlau, wie der Fuchs nun einmal ist, ging er bis zu den Knien ins Wasser – und auch die Läuse krabbelten weiter nach oben. Schließlich tauchte er bis zu Schnauze unter – nur seine Nase schaute noch heraus – und alle Läuse sammelten sich dort. Was nun? Der Fuchs griff sich mit seiner

Schnauze einen Zweig und tauchte weiter unter, bis nur noch der Zweig auf dem Wasser
trieb, auf den sich nun die Läuse retteten. Und
dann ließ der Fuchs diesen Zweig los. Der
Zweig ist das Mantra, an dem man sich beim
Meditieren festhält, die Läuse sind die Gedanken. Lass auch den Zweig los."

Rauchzeichen

Nach einem Schiffbruch landeten die beiden einzigen Überlebenden auf einer unbewohnten Insel. Der eine war ein Atheist, der andere voll Gottvertrauen. Sie bauten sich mühselig eine Hütte, und wenn ein Schiff in der Ferne vorbeizog, standen sie am Strand und winkten mit einem großen Tuch oder mit der Hand. Keiner half. „Gott wird uns retten", sagte der eine. Und der andere: „Es gibt keinen Gott." Als sie eines Tages zu ihrer Hütte zurückkamen, merkten sie, dass sie Feuer gefangen hatte. Es war zu spät, um zu löschen. „Sei nicht niedergeschlagen", sagte der Gläubige. „Gott wird uns helfen. Auch das muss einen Sinn haben. Vertrau nur." „Du und dein Gott!", resignierte der andere. Am nächsten Morgen sahen sie, wie ein Boot sich ihrer Insel näherte. „Wir sahen die Flammen und den Rauch", sagte der Kapitän. „Und da dachten wir, da muss jemand Hilfe brauchen."

Gott und die Götter

Ein jüdischer Gelehrter traf einen arabischen Scheich, der für seine Gelehrtheit und Frömmigkeit bekannt war. Er stellte ihm die Frage: „Ist der Gott der Juden, Christen und Muslime jeweils derselbe Gott oder sind es drei verschiedene Gottheiten?" Darauf der weise Muslim: „Wenn es Gott gibt, dann ist es derselbe Gott. Wenn es ihn nicht gibt, dann sind es drei verschiedene Götter."

8

Von der Freiheit

Wie frei?

Ein Schüler geht zu seinem Meister und fragt: „Gibt es die Freiheit? Bin ich frei?"

„Natürlich bist du frei", antwortet der Meister. Und er fragt ihn zurück: „Wie viele Beine hast du?"

Irritiert antwortet der Schüler: „Zwei. Wie meinst du das?"

„Und du kannst auf einem Bein stehen?"

„Natürlich!"

„Dann versuch es, sagt der Meister. Du kannst dir natürlich aussuchen, auf welchem."

Der Schüler verlagert sein Gewicht auf das rechte Bein und hebt das linke.

„Gut, und nun hebe das rechte!", sagt der Meister.

Der Schüler darauf: „Das ist unmöglich!"

Die Antwort des Meisters: „Siehst du? So ist das mit der Freiheit. Die erste Entscheidung zu treffen, das steht ganz in deiner Freiheit. Aber dann bist du gebunden."

Notwendig

Als Schüler nach einer heftigen Diskussion über aktuelle Fragen der Hirnforschung und über die Möglichkeit eines freien Willens diskutiert hatten und sich nicht einigen konnten, fragten sie den Meister: „Glauben Sie an die menschliche Willensfreiheit?"

Der Meister antwortete: „Natürlich! Ich muss, ich habe keine Wahl."

In letzter Minute

Der Meister wurde gefragt: „Ist es die Askese, die uns wirklich frei macht?" Der Meister antwortete mit einer Geschichte: „Ein Mann macht einen Termin beim Zahnarzt. Der stellt fest, dass die Zähne gesund sind, hört aber von seinem Patienten, dass er gerne Schokolade isst. ‚Wenn Sie in den nächsten zwanzig Jahren gute Zähne haben wollen, sollten Sie keine Schokolade mehr essen!' Der Mann wirft die Schokolade weg, die er immer mit sich trug. ‚Glückwunsch', sagt der Zahnarzt. Als der Patient vor der Praxis die Straße überquert, wird er von einem Auto überfahren. Was soll man da sagen", fragte der Meister: ‚Dieser Zahnarzt hat verhindert, dass unser Freund das letzte Stück Schokolade seines Lebens genießt'? Oder: ‚Dem Zahnarzt sei Dank'. Mit seiner Hilfe hat er es geschafft, im letzten Moment doch noch von seiner Sucht loszukommen'?"

Unsicherheit

„Geld macht vielleicht nicht unbedingt glücklich. Aber es gibt dir doch mehr Sicherheit, es vergrößert auch deine Spielräume, wenn du Alternativen hast", sagte ein junger und erfolgreicher Mann. „Das kommt ganz darauf an", antwortete der Meister. „Wenn du eine Uhr besitzt, weißt du, wie spät es ist. Hat man aber zwei Uhren, kann man nie ganz sicher sein."

Ins Freie

Eines Tages suchte ein junger Mann den Meister auf und bat um Aufnahme in seinen Schülerkreis und um Unterweisung. Der Meister wies ihn schroff ab. Er möge sofort die Schule verlassen.

Ein anderer Schüler, der das hörte und beobachtete, war empört und verlangte eine Rechtfertigung.

In diesem Moment flog ein Vogel in den Raum und flatterte aufgeregt hin und her, ohne entkommen zu können. Als er sich flatternd vor einem geöffneten Fenster niederließ, klatschte der Meister in die Hände, und aufgeschreckt flog der Vogel geradewegs durch das offene Fenster ins Freie.

Da sagte der Meister zu dem, der ihn kritisiert hatte: „Auf den Vogel muss dieses Geräusch wie ein Schock gewirkt haben; vielleicht sogar wie eine Beleidigung – was meinst du?"

Rein und raus

Man sprach in einer Diskussionsrunde darüber, dass es auch eines starken Willens bedürfe, um wirklich große Ziele zu erreichen. Aber jeder sei frei, sich diese Ziele möglichst hoch zu stecken. Um das zu illustrieren wurde auch die Geschichte von dem bedeutenden Politiker erzählt, der schon als Student eines Nachts am Zaun, der den Regierungspalast umgab, gerüttelt und gerufen hatte: „Ich will hier rein!" Nach einer Reihe von Jahren war er tatsächlich Regierungschef geworden.

Der Meister antwortete mit einer Geschichte, die er selbst erlebt hatte: „Ich ging spätnachts in einer großen Stadt außerhalb eines Parks spazieren, der um diese Zeit schon geschlossen war. Da sah ich einen Betrunkenen, der außen am Gitter dieses Parks stand und rüttelte und verzweifelt schrie: ‚Lasst mich hier raus!'"

Frei, um zu wachsen

Der Schüler fragte: „Dankbarkeit ist sicher eine Tugend. Aber kann ich dankbar sein, wenn mir ein anderer Böses antut?" Der Meister erzählte eine Geschichte: „Ein Neider sah im Palmengarten eine Palme, die gut wuchs. Da er böse war, legte er in die Krone des jungen Baumes einen schweren Stein. Der Stein zwang sie, ihre Wurzeln tiefer in die Erde zu graben. Als der böse Mann nach einem Jahr wiederkam, da überragte diese Palme alle anderen." Und der Meister erklärte: „Dankbarkeit verwandelt das, was andere mir antun, in eine Herausforderung. Sie gibt mir die Freiheit, zu wachsen und meine Wurzeln tiefer zu graben. Damit gründe ich mich nicht auf Lob und Tadel, sondern auf Gott."

Die andere Seite der Dankbarkeit

Ein Mann wacht eines Tages auf und findet sich in Ketten. Er versucht sich zu befreien, doch es gelingt ihm nicht. Da macht er sich auf, jemanden zu suchen, der ihn befreien, ihm die Ketten abnehmen könnte. Nach langer Zeit, viele Jahre sind inzwischen vergangen, kommt er an der Werkstatt eines Schmieds vorbei, der gerade Eisen bearbeitet. Den bittet er, ihm zu helfen. Der Schmied überlegt nicht lange, nimmt einen Hammer und sprengt seine Ketten mit wenigen Schlägen.

Aus Dankbarkeit für seine Befreiung bot der Mann an, künftig für ihn zu arbeiten. Und er blieb sein restliches Leben an den Schmied gekettet.

In deiner Hand

Im Orient lebte ein alter weiser Mann, zu dem alle kamen, die Sorgen hatten. Denn der Alte konnte aus einer reichen Lebenserfahrung schöpfen und gab stets guten Rat. Dies machte einige neidisch, die selbst gern für klug und weise gehalten worden wären. Sie beschlossen, dem alten Mann eine Falle zu stellen.

Nach längerem Nachdenken kamen sie auf folgende Idee: Sie wollten einen winzigen Vogel fangen, ihn dem alten Mann in der geschlossenen Hand präsentieren und ihn fragen, was sich in der Hand befinde. Sollte der alte Mann wider Erwarten die Frage richtig beantworten, so würde er mit Sicherheit an einer weiteren Frage scheitern, nämlich der, ob es sich bei dem Vöglein um ein lebendes oder ein totes handele. Würde er nämlich sagen, es handele sich um ein lebendes, so könne man die Hand zudrücken, und das Vöglein wäre tot. Würde er hingegen sagen, es handele sich um ein totes

Vöglein, so könne man die Hand öffnen und das Tier frei lassen.

So erschienen sie also vor dem alten weisen Mann und fragten ihn wie besprochen.

Nach einiger Überlegung antwortete der Alte auf die erste Frage: „Das, was du in der Hand hältst, kann nur ein ganz winziger Vogel sein."

„Nun gut", sagten die Neidischen, „da magst du recht haben, aber handelt es sich um ein lebendes oder ein totes Tier?"

Der Alte schaute dem Frager in die Augen und sagte: „Das liegt allein in deiner Hand."

Löwenzahn

Ein Hobbygärtner, der am Verzweifeln war, weil alle seine Versuche nichts nutzten, den Löwenzahn in seinem Rasen auszumerzen, fragte seine Nachbarin, was er tun solle: „Ich habe alles durchprobiert, was in den Gartenbüchern steht. Jetzt ist die ganze Fläche gelb übersät. Ich bin am Verzweifeln." Die Nachbarin sagte ihm: „Es gibt nur eine Methode, die absolut befriedigend ist." „Welche?" „Versuchen Sie, den Löwenzahn schön zu finden und zu lieben!"

9

Vom Glück

Der Schatz

Ein armer Mann, der in einem bescheidenen, fast schon zerfallenen Haus in der Nähe eines Waldes wohnte, mit einem kleinen Garten, in dem ein einziger Nussbaum stand, träumte eines Nachts, dass jemand sagte: „Geh zu der großen Brücke in der Stadt. Dort wirst du einen großen Schatz finden!" Er machte sich auf, kam zu der Brücke und sah sich um. Menschen liefen an ihm vorbei und der Verkehr strömte über die Straße. Von einem Schatz war weit und breit nichts zu sehen. Weil er offensichtlich so enttäuscht war, sprach ihn ein Mann an. Ihm erzählte er von seinem Traum und seiner Enttäuschung. Da lachte der Mann: „Aus Träumen sollte man sich nichts machen. Mir ging es kürzlich ähnlich. Mit erschien jemand im Traum, der sagte: »Suche nach einem kleinen, fast schon zerfallenen Haus, das inmitten eines Gartens, am Rand des Waldes steht. Dort ist ein Nussbaum, und unter diesem Baum ist eine

Kiste mit Gold vergraben.« Träume sind Schäume, vergiss es." Unser Mann machte sich schnell auf den Heimweg – und war am nächsten Tag so reich, wie er es sich nie erträumt hätte.

Gute Frage

Fragen ist gut. Und zum Glück: Fragen kostet nichts. Manchmal bringt die Antwort Klarheit. Nicht immer bringt es schon die Lösung. Manchmal ist es mit einer Frage auch nicht getan. Dann muss man eben weiterfragen. Wie in der folgenden Geschichte:

Die Angst geht um unter den Tieren im Wald vor dem gewalttätigen, mörderischen Bären. Es gibt das Gerücht: Er hat eine Todesliste aufgesetzt, um seine Speisekarte zu bestücken.

Der Hirsch hält es nicht mehr aus, nimmt seinen ganzen Mut zusammen, geht zum Bären und fragt ihn: „Entschuldige die Störung! Stehe ich auf deiner Liste?"

„Ja!", sagt der Bär. „Du stehst drauf."

Den Hirsch packt die Panik, er stürmt davon. Zu Recht. Nach zwei Tagen wird er tot aufgefunden.

Die Gerüchteküche brodelt. Das Wildschwein fasst sich als nächstes ein Herz und wagt sich zum Bären: „Bitte, kannst du mir verraten: Stehe ich auf deiner Liste?"

„Gute Frage. Ja", sagt der Bär. „Du auch."
Und auch den Keiler findet man nach zwei Tagen tot.

Panik bricht aus im Wald. Nur der Hase wagt es noch einmal. Geht zum Bären und frage ihn: „He, Bär, stehe ich auch auf deiner Liste?"

„Ja", sagt der Bär.

„Kannst du mich da streichen?"

„Klar doch, kein Problem."

Befreit

Zwei Kranke waren gemeinsam nach Santiago gepilgert, ein Tauber und ein Stummer. Sie halfen sich unterwegs gegenseitig und wurden Freunde. Beide wurden geheilt und machten sich gemeinsam wieder auf den langen Weg zurück. Der ehemals Stumme war so selig, dass er nicht aufhören konnte zu reden und zu reden. Da rief endlich der ehemals Taube verzweifelt den Heiligen Jakob an: „Gib mir doch meine Taubheit wieder!" Er wurde erhört und kam glücklich zu Hause an.

Scheidung

Für einen jungen Mann steht die Scheidung von seiner Frau an. Sein Vertrauen wurde zerstört, er muss Unterhaltszahlungen leisten und seine finanzielle Zukunft ist prekär. Er verfällt in Depressionen. Er geht zu seinem spirituellen Meister und klagt ihm sein Leid. Der Meister hört ihm aufmerksam und ruhig zu. Dann sagt er teilnahmsvoll und tröstend: „Sie haben Recht. Und mein Mitgefühl ist ganz mit Ihnen. Trotzdem haben Sie noch Glück gehabt, wenn man bedenkt, dass heutzutage jede zweite Ehe durch den Tod geschieden wird!"

Macht Geld glücklich?

Ein Schüler fragte den Meister: „Macht Geld glücklich?"

Der Meister kratzt sich am Kopf: „Das ist ja gerade das Problem mit dem Glück. Die Statistiker sagen, dass Reichtum nicht glücklich macht. Aber das erinnert mich an ein Gespräch, das ich kürzlich gehört habe. Zwei reiche Geschäftsleute unterhielten sich: ‚Statistiker sagen, mein vieles Geld würde mich auch nicht glücklicher machen. Aber weißt du, was so ein Statistiker verdient?'"

Und der Meister fuhr fort: „Zu vergleichen – insbesondere sich mit anderen zu vergleichen – ist Fortsetzung des Konkurrenzkampfes mit den Mitteln des Unglücks. Ich kannte einen Mann, der eine Lohnerhöhung von seinem Chef wollte und, als sie abgelehnt wurde, bat: ‚Okay, wenn schon keine Lohnerhöhung für mich drin ist, wie wäre es mit einer Lohnkürzung für meinen Kollegen?'"

Ansehen

Ein spiritueller Meister wurde einmal gefragt: „Was ist Glück? Und was kann ich dafür tun?" Der Meister sagte: „Mach es wie der Bauer, den ich jeden Tag aus der Kirche kommen sehe. Dieser Bauer kommt in die Kirche, setzt sich vor die Christus-Ikone, bleibt eine Weile sitzen, lächelt und geht wieder. Er hat das nicht nur einmal getan, sondern immer wieder, jeden Tag. Ich habe ihn eine Weile beobachtet und gefragt, was er dort tue. Der Bauer hat ein wenig gezögert und dann nur gesagt: ‚Ich schaue ihn an. Er schaut mich an. Und wir sind glücklich.' Nicht das Tun ist wichtig, sondern der richtige Blick."

Das Beste

Ein reicher Beduine sagte zu seinem Sohn: „Wenn ich sterbe, sollst du alle Genüsse der Welt probieren. Komm dann zurück und erzähl deinem Onkel, meinem Bruder, was das beste Essen, das beste Trinken ist, und wo du am besten geschlafen hast. Er wird dir die fünfhundert Kamele geben, die ich dir vererbe." Nach dem Tod des Vaters zog der Sohn in die Welt hinaus. Einige Jahre genoss er alles Gute. Er war in schönen Orten, ja sogar in den besten Hotels und lebte luxuriös. Als ihm die Mittel ausgingen, kehrte er wieder in sein Stammesgebiet zurück. Nachdem er seine Geschichten gehört hatte, versprach sein Onkel ihm sein Erbe, das sich aber in einem weit abgelegenen Weidegebiet befand. Sie machten sich auf den Weg. Unterwegs bekamen sie Hunger. Der Onkel hatte nur altes Brot dabei. Das Brot schmeckte dem jungen Mann herrlich. Sie hatten Durst. Die nächste Wasserstelle erreichten sie erst nach vielen Stunden. Nie hatte der junge Mann köstlicheres Wasser getrunken. Nachts legten sie sich auf die Erde zum Schlafen. Am nächsten Morgen gestand der junge Mann: „Alles, was ich dir gesagt habe, nehme ich zurück. Nie habe ich Besseres als dieses Brot gegessen, nie etwas Köstlicheres als dieses Wasser getrunken. Die Erde, auf der wir heute schliefen, war das beste Bett."

Auf Grund dieser Erfahrung erhielt der Sohn sein Erbe von fünfhundert Kamelen. Und er hatte nie wieder das Bedürfnis, in die weite Welt zu ziehen und im Luxus zu leben.

Stärker als der Fels

Ein Mann, der es im Leben weit gebracht hatte und der dennoch in der Mitte einer großen Karriere unzufrieden war mit seinem Leben, wollte endlich zum Wesentlichen seiner Existenz kommen und entschloss sich, ins Kloster einzutreten. Als er dem Abt von seinen Motiven erzählte, schwieg der lange. Dann erzählte er ihm die Geschichte von einem Steinmetz, der hart arbeitete und gute Arbeit leistete und dennoch mit sich und seinem Leben unzufrieden war. Eines Tages kam er am Hause eines wohlhabenden Geschäftsmanns vorbei, in dem gerade ein Fest gefeiert wurde. Der Reichtum des Mannes war offensichtlich, Gäste von Rang und Namen strahlten Glanz und Pracht aus. „Wie mächtig dieser Mann sein muss!", dachte der Steinmetz bei sich. Nur noch ein Wunsch beseelte ihn: Könnte er doch sein wie dieser, wenn er doch nur kein einfacher Steinhauer mehr sein müsste. Da war er zu seiner großen Überraschung plötzlich der Kaufmann.

Soviel Luxus und Macht hätte er sich nie träumen lassen. Er merkte freilich, dass die Armen ihn beneideten. Aber bald darauf wurde ein hoher Regierungsbeamter in einer Sänfte vorbeigetragen, von Soldaten eskortiert, die Gongs anschlugen. Nicht nur die Armen – jeder, ob er auch noch so reich war, musste sich vor dieser Prozession tief bücken. „Wie mächtig dieser Mann doch ist!" dachte er bei sich. „Ich wünschte, ich hätte seine Position." Da war er auch schon der hohe Beamte und wurde in seiner Sänfte überall hingetragen. Aber bei allen, die Bücklinge machen mussten, wenn er vorüberzog, war er gefürchtet und verhasst. Es wurde ihm immer unwohler. An einem heißen Sommertag blickte er dann aus seiner stickigen Sänfte zur Sonne auf, die stolz am Himmel stand und sich von seiner Gegenwart überhaupt nicht beeindrucken ließ. „Wie mächtig die Sonne doch ist", dachte er bei sich. „Ich wünschte, ich wäre die Sonne!" Da war er auch schon die Sonne und versengte mit seiner Hitze die Felder. Bauern und Arbeiter verfluchten ihn. Aber eine riesige schwarze Wolke schob sich zwischen ihn und die Erde, so dass sein Licht nicht mehr alles drunten bescheinen konnte. „Wie mächtig ist doch diese Sturmwolke", dachte er bei sich. „Ich wünschte, ich wäre eine Wolke!"

Da war er auch schon die Wolke, überflutete Felder und Dörfer mit Wolkenbrüchen und war bei jedermann verschrieen. Aber bald kam ein starker Sturm auf, der sie wegtrieb: „Wie mächtig ist er doch", dachte er bei sich. „Ich wünschte, ich wäre der Wind!" Da war er der Wind, deckte Hausdächer ab, entwurzelte Bäume, und alle zitterten vor seiner Kraft. Doch nach einer Weile stürmte er gegen etwas an, das sich nicht rührte, wie heftig er auch dagegenblies – ein riesiger, hochaufragender Fels. „Wie mächtig ist doch dieser Stein", dachte er bei sich. „Ich wünschte, ich wäre ein Fels!" Da war er auch schon der Fels, härter und mächtiger als alles andere. Aber plötzlich hörte er den Schlag eines Hammers, der einen Meißel in den harten Stein trieb, und er spürte, wie sich veränderte. „Nichts ist mächtiger als ich, der Fels!" dachte er bei sich. Da erblickte er tief unter sich einen Steinmetz.

Der Ring

Ein mächtiger König hörte von der Weisheit
des Meisters und ließ ihn kommen, um ihn auf
die Probe zu stellen. Er stellte ihm eine Auf-
gabe, die ihm selber unmöglich zu erfüllen
schien. „Gib mir einen Ring, der mir Hoffnung
schenkt, wenn ich traurig bin. Und der mich an
die Grenzen erinnert, sobald ich mich im Glück
verliere."

Der Meister ging zu einem Goldschmied
und ließ dem Herrscher schließlich einen Ring
überreichen. Eingraviert war die Inschrift:
„Auch dies wird vorübergehen."

Gute Nachrichten,
schlechte Nachrichten

Ein Schüler kommt blass und aufgeregt zu seinem Meister: Auf dem Weg waren ihm seine ganzen Bücher und wichtige Aufzeichnungen verloren gegangen. Ein Dieb hatte ihm alles entwendet. „Sei froh", sagte der Meister. Und als er den verständnislosen Blick des Schülers sah, fuhr er fort: „Wer weiß schon, was das Leben bringt – und wozu es gut ist? Weißt du, was sich hinter der nächsten Ecke verbirgt? Kennst du nicht die alte Geschichte: Ein Bauer erhält von einem Freund ein dringend benötigtes Pferd – und ist überglücklich. Das Pferd wird schon bald schwer krank – es scheint, als verfolge ihn das Pech. Überraschenderweise bietet sich eine reiche Verwandte an, für die Medizin des armen Tieres zu bezahlen. Wer hätte mit dieser guten Wendung gerechnet? Der Bauer macht sich voller Optimismus, dass alles gut wird, auf den Weg zur Apotheke: Noch bevor er in die Stadt kommt, wird er überfallen. Schlechter hätte es nicht kommen können. Da zeigt sich, dass unter den Räubern sein lange verloren geglaubter Sohn ist, der von den Räubern vor einiger Zeit entführt worden war. Es gibt ein unverhofftes und überglückliches Wiedersehen. So geht die Geschichte immer weiter und weiter, durch viele Schicksalswendungen hindurch. Ist es nicht auch in unserem Leben so? Wir sollten nicht nur dankbar sein für die Dinge, die wir für vorteilhaft halten, und uns nicht nur sträuben gegen alles, was wir für unser Unglück halten. Wer weiß, vielleicht bringt dich der Verlust deiner Bücher selber auf ganz neue Gedanken?"

So weit, so gut

„Wie geht es dir inzwischen?", fragt der Meister einen ehemaligen Schüler, der in der Zwischenzeit Karriere in einem großen internationalen Unternehmen gemacht und es bis zum Assistenten des Präsidenten der Firma gebracht hat. Der antwortet: „Bisher ganz gut. Es geht eigentlich bisher immer nur aufwärts!" „Das ist interessant. Das erinnert mich an die Geschichte, die mir kürzlich ein Bekannter erzählte", sagte der Meister. „Jemand hat in einem großen Bürogebäude seinen Schreibtisch im zweiten Stock, in einem Großraumbüro, mit Blick aus dem Fenster. Als er einmal hinausschaut, sieht er, wie im obersten Stockwerk jemand aus dem Fenster stürzt. Wenige Sekunden später ist der Mann auf seiner Höhe – und er ruft ihm zu: „Wie geht es Ihnen?" „Soweit, so gut", antwortet der andere."

Ein Schmetterling

„Wie erlangt man das Glück?" fragte ein Schüler. „Soviel ist sicher: Hinter dem Glück kannst du nicht herjagen, wie hinter einem Schmetterling", sagte der Meister. „Wenn du ihm nachjagst entkommt er dir. Wenn du dich hinsetzt, dann kann sein, dass er sich auf deiner Schulter niederlässt." „Kann ich also nichts dafür tun?" „Zumindest kannst du nichts machen. Das ist einfach und nicht einfach zugleich. Was du tun kannst: Du kannst dich ruhig hinsetzen und nichts tun – wenn du das kannst."

HERDER spektrum Band 7174

MIX
Papier aus verantwor-
tungsvollen Quellen
FSC **FSC® C106847**
www.fsc.org

Titel der Originalausgabe: Finde deinen Stern
Die vorliegende Ausgabe wurde gegenüber der
Originalausgabe inhaltlich verändert
© Kreuz Verlag in der Verlag Herder GmbH,
Freiburg im Breisgau 2011
ISBN 978-3-451-61009-7
© Verlag Herder GmbH, Freiburg im Breisgau 2013
Alle Rechte vorbehalten
www.herder.de

Umschlaggestaltung: Designbüro Gestaltungssaal
Umschlagmotiv und Vignette im Innenteil:
© Designbüro Gestaltungssaal

Herstellung: fgb · freiburger graphische betriebe
www.fgb.de

Printed in Germany

ISBN 978-3-451-07174-4